Kurt F. Svatek

Das Leben ist eine Reise

CHEN MAO-PING,
EN-ḪEDU-ANA, ILUMMIYA

Sachbuch

EU

Edizioni Universum

„Wissen ist Licht". (G.C.)

ISBN: 9788899803995

Erste Ausgabe: September 2024
Autor: Kurt F. Svatek
Titel: Das Leben ist eine Reise
Auf dem Umschlag: "Im Nieselregen"
Gemälde von Lin Mingli
Auf dem hinteren Umschlag:
Foto von Kurt F. Svatek
Innere Bilder von Kurt F. Svatek
Digitaldruck

Eingetragener Sitz: Via Giovanni Pedrotti 2 - 38121 Trento
Verwaltungssitz: Via Italia 6 - 98070 Capri Leone (ME)
E-mail: edizioni.universum@hotmail.it Tel. 0039 331 844 4673
Webseite: **eduniversum.altervista.org**

„Wissen ist Licht“. (G.C.)

Vorwort

In diesem Sachbuch mit dem Titel „Das Leben ist eine Reise“ untersucht Kurt F. Svatek das Profil dreier Frauen, die sich sowohl in ihrem sozialen Kontext als auch im zeitlichen stark voneinander.

Chen Mao-ping, besser bekannt unter dem Pseudonym Sanmao, ist die Frau, die uns zeitlich am nächsten steht, und daher können wir die wichtigen Lebenserfahrungen dieser bekannten taiwanesischen Schriftstellerin auf drei verschiedenen Kontinenten leichter teilen. Svatek zeichnet ein genaues Profil von Chen Mao-ping und enthüllt nicht nur die Handlungsstränge, die das Leben dieser außergewöhnlichen literarischen Figur prägten, sondern geht auch bis zum Äußersten, um den psychologischen Aspekt seiner Erfahrung hervorzuheben und die gegensätzlichen sozio-traditionellen Unterschiede an den verschiedenen Orten, an denen die Frau lebte, offenzulegen.

En-edu-ana, Priesterin des Himmelsgottes Anu in Uruk in Mesopotamien, die zur Zeit des alten Babylons zwischen Tigris und Euphrat lebte, kommt zu uns, um uns an die Bedeutung zu erinnern, die ihr Einfluss auf das Territorium der Sumerer hatte. Svatek enthüllt uns in sorgfältiger Recherche die

Wahrheiten, Dynamiken und Handlungsstränge, die dazu führten, dass dieser Charakter in der damaligen Zeit eine so wichtige Rolle spielte.

Mit Ilummiya, der sumerischen Hofdichterin, schließt Svatek seine Zeitreise ab und hinterlässt in uns den Wunsch herauszufinden, was Menschen dazu antreibt, durch Zeit und Raum zu reisen. Der Wunsch, sich ins Unbekannte zu wagen und herauszufinden, wo die Sonne schläft. Aber die Sonne schläft nie, denn wenn sie vor den Augen des langsam Reisender untergeht, erleuchtet sie den anderen Teil der Welt.

Auf der Jagd nach der Sonne entdeckt der Mensch, dass er viel langsamer ist als sie, genau wie beim Wissen, wo der gelehrteste Mensch der Welt weiß, dass er es nicht weiß. In unserem riesigen Universum gibt es noch so viel zu entdecken. Es liegt an uns, Geduld und Bewusstsein zu haben, um herauszufinden, wer wir sind und wohin wir gehen.

Giovanni Campisi

„Wissen ist Licht“. (G.C.)

Chen Mao-ping

陳懋平

oder

Sanmao

三毛;

Das Besondere an der Literatur ist, dass ein Schriftsteller über ganz etwas anderes recherchiert und plötzlich auf eine der interessantesten und schillernsden Frauen Ostasiens der zweiten Hälfte des zwanzigsten Jahrhunderts stößt, die hierzulande völlig unbekannt ist.

Menschen aus Korea, Japan, Taiwan und China reisen eigens nach Santa Cruz, der Hauptstadt der Kanareninsel La Palma, um auf dem dortigen Friedhof ein Grab mit Blumen zu schmücken. Es ist die Ruhestätte des spanischen Tauchers José María Quero, der bereits 1979 mit nur siebenundzwanzig Jahren bei einem Tauchunfall in der Nähe von Barlovento in Norden der Insel ums Leben kam. Unter den Steinen mit Sprüchen in mehreren Sprachen befindet sich auch eine kleine Flasche eines renomierten Weines. Es ist nämlich chinesischer Brauch, den Verstorbenen an ihren Gräbern Nahrung und Alkohol zum Geschenk zu machen.

Nur was machte den Ingenieur, der auch für den Ausbau des Hafens der Insel La Palma zuständig war, so berühmt?
Es ist schlichtweg seine Ehefrau, Chen Mao-ping, englisch oft auch Echo Chen genannt, die unter ihrem Pseudonym Sanmao eine der bekanntesten Schriftstellerinen Südostasien geworden war, und

deren Leben er so faszinierend inspiriert hatte und derart zu einem wichtigen Bestandteil ihres Werkes wurde. Er hatte sie als Sechzehnjähriger 1967 in der taiwanesischen Botschaft im Madrid kennengelernt. Über sechs Jahre hielt er um ihre Hand an, ehe sie 1973 heirateten. Sanmao erhielt dadurch die spanische Staatsbürgerschaft.

Sanmao geht auf eine berühmte Karikatur eines Kindes mit nur drei Haaren zurück.

Dabei war der Aufenthalt von Sanmao und Quero auf La Palma sei nur Zufall gewesen, denn ihr Ehemann arbeitete als Taucher im maritimen Bereich und es ergab sich ein Stellenangebot für die Erweiterung des Hafens von Santa Cruz de La Palma. Auf diese Weise kamen Echo und José María im März 1979 auf La Palma an und lebten allerdings nur sechs Monate lang ibis zu seinem Tod in den Rocamar Apartments in Santa Cruz.

Sanmao wurde am 26. März 1943 in Chongqing als Tochter des Anwalts Chen Siqing und seiner Frau Miao Jinlan als Chen Mao-ping geboren. Zur Familie gehört eine ältere Schwester, Chen Tianxin. Chongqing ist heute eine der größten Städte der Welt und liegt am Ende des Staubereiches des Jangtse. Die Eltern waren gläubige Christen. Sie stammten ursprünglich aus Zhejiang. Nach dem Zweiten

Japanisch-Chinesischen Krieg zog die Familie nach Nanjing. Als Sanmao sechs Jahre jung war, flüchtete die Familie vor den Kommunisten nach Taiwan. Gleichwohl kritisierten die Eltern auch die mangelnden Freiheiten im damaligen taiwanesischen Schulsystem.

Bereits im Kindesalter war Sanmao an der klassischen und zeitgenössischen chinesischen Literatur interessiert und eine eifrige Leserin von Autoren wie *Lu Xun, Ba Jin, Bing Xin, Lao She*, und *Yu Dafu*. Auch europäische und amerikanische Klassiker faszinierten sie, darunter *Der Graf von Monte Christo, Don Quichote* und *Vom Winde verweht*.

Besonders beeinflusst war sie von einem der vier herausragenden chinesischen Klassiker, *Der Traum der Roten Kammer*, einem enorm umfangreichen und anspruchsvollen Roman, den sie bereits als Schülerin der 5. Jahrgangsstufe las. Auf die Frage, was sie später einmal werden wolle, antwortete sie, dass sie vorhabe, einen großen Künstler wie Pablo Picasso zu heiraten.

Wegen ihrer Leidenschaft für die Literatur hatte Sanmao in anderen Fächern, speziell Mathematik, eher schlechte Noten. Nachdem sie im Alter von zwölf Jahren von einem Lehrer misshandelt wurde, der schwarze Kreise um ihre Augen gemalt und sie vor der gesamten Klasse erniedrigt hatte, ging sie nicht mehr zur Schule. Ihr Vater unterrichtete sie zu Hause in Englisch und in der klassischen Literatur. Die Hauslehrer Shao Youxan und Gu Fusheng brachten ihr das Klavierspiel und Malen bei. Ihren ersten Essay schrieb Sanmao 1962 mit neunzehn Jahren.

Ab 1964 studierte sie dann mit einer Sondergenehmigung des Gründers Hang Chi-yun an der Chinesischen Kulturuniversität in Taiwan, um sich über den Sinn des Lebens klar zu werden und ihre persönlichen Probleme zu lösen. Sie verliebte sich in einen Kommilitonen, sah sich in der Romanze jedoch enttäuscht und zog 1967 auf sich allein gestellt nach Madrid, wo sie Spanisch lernte.

1969 zog Sanmao nach Deutschland, wo sie am Berliner Goethe-Institut bis zu 16 Stunden täglich Deutschunterricht nahm. Nach nur neun Monaten erhielt sie ihr Sprachdiplom als Deutschlehrerin. Ihre Erfahrungen in der Zeit verarbeitete sie in der Kurzgeschichte *Gefallene Stadt*, die 1982 in der Zeitung Hai Xia erschien. Darin berichtete sie von einem enormen sozialen Druck, um ihre Eltern nicht zu enttäuschen, die ihren Auslandsaufenthalt finanzierten, und sah sich von einem deutschen Mitstudenten zusätzlich gestresst, weil der ihre Fähigkeit,

Deutsch zu buchstabieren, anzweifelte. So konsumierte sie noch im Schlaf Hörbücher, um unbewusst weiterzulernen.

An der Universität von Illinois arbeitete sie in der juristischen Bibliothek, bevor sie mit sechsundzwanzig Jahren nach Taiwan zurückkehrte. Sie verlobte sich mit einem dortigen Deutschlehrer, der jedoch an einem Herzinfarkt starb, bevor sie heiraten konnten. Sanmao kehrte nach Madrid zurück, wo sie in einer Grundschule Englisch unterrichtete.

1976 veröffentlichte sie die autobiografischen, bisher nur ins Englische übersetzten *Stories of the Sahara*, das Ergebnis ihrer Lebenserfahrungen an der Seite ihres aus Jaén stammenden spanischen Ehemanns José María Quero, mit dem sie in der damaligen Hauptstadt der spanischen Westsahara, El Aaiún, lebte. Sie hatte José bei ihrem ersten Aufenthalt 1967 in Madrid kennengelernt. Er war damals bekanntlich erst sechzehn Jahre alt und in der Küche der taiwanesischen Botschaft beschäftigt gewesen. Nachdem er beharrlich über sechs Jahre um ihre Hand angehalten hatte und sie nach eigener Aussage nach der Lektüre eines Artikels in *National Geographic* unbedingt die Sahara bereisen wollte, ja sogar „Heimweh“ nach dieser Gegend verspürte, die sie noch nie gesehen hatte, folgte sie ihm in die abgelegene Gegend. José hatte sich wegen ihrer Sehnsucht nach der Wüste eigens in der Verladestation der weltgrößten Phosphatmine Bou Craa Arbeit gesucht, rund hundert km von El Aaiún entfernt.

„Ich konnte mein unerklärliches und doch so starkes Heimweh nach diesem riesigen, fremden Land nicht verstehen, als wäre es ein Echo aus einem früheren Leben“, schrieb sie.

1973 heiratete sie José. Die Hochzeitsreise führte durch die Wüste nach Algerien und Mauretanien. Die genauen, teils komischen Umstände der Hochzeit beschreibt sie detailliert in den *Stories of the Sahara*. Halb Reisetagebuch, halb literarische Lebenserinnerungen, teils auch Fiktion, beeindrucken die bisher nicht auf Deutsch erschienenen Kurzgeschichten aus der Sahara durch ihren prägnanten Stil, die genaue Beobachtung und sie sehr persönliche Haltung, die streckenweise einer Beichte nahekommt. Bisweilen erinnert das Buch an eine Robinsonade, beschreibt Sanmao doch ausführlich, wie sie und José sich mit eigenen Kräften in einem unverputzten, sehr bescheidenen Betonbau häuslich einrichten. Die Anschaffung von Baumaterial und die Beschäftigung von Handwerkern erweisen sich in der Wüstenstadt als zu kostspielig. Um an Geld zu kommen, gehen die beiden an der Atlantikküste fischen und verkaufen ihre Ware mit wenig Geschäftssinn.

Das Buch über die Sahara wurde zuerst aus dem Mandarin von Mike Fu ins Englische, und erst spät, 2016, unter dem Titel *Diarios del Sáhara* ins Spanische übersetzt und 2018 verfilmt. Der Filmtitel lautet: *La vida es el viaje*, also das Leben ist eine Reise. Es bietet seitdem auch die Refexion einer Außenstehenden über Spanien und die Westsahara am turbulenten Ende der spanischen Kolonialherrschaft.

In ihren Geschichten behauptet Sanmao, sie habe bei ihrer Abreise vorgehabt, die erste Frau zu sein, die die Sahara durchquert. Aufgrund der logistischen Unmöglichkeit, die die Wüste für einen unabhängigen Reisenden mit sich brachte, tat sie diese Exkursion jedoch nie. Anstatt monatelang allein umherzuwandern, landete sie in einer seltsamen häuslichen Umgebung am Rande von El Aaiún oder Laâyoune, einer Siedlung, wie sie schreibt, mit nur einer Handvoll Straßen, ein paar Banken und ein paar Geschäften inmitten der poetischen Trostlosigkeit von Dünen und Ebenen. Damals war die Hauptstadt der Westsahara unter spanischer Kontrolle. Heute ist die Gegend immer noch ein zwischen Marokko, das es 1975 annektierte, und seinem indigenen Volk der Sahrauis umstrittenes Gebiet. „Warum wollte ich ganz allein in diese längst vergessene Ecke der Welt kommen?“, fragte sie sich. „Da es auf diese Fragen keine Antworten gab, lebte ich mich Tag für Tag weiter ein.“

Sanmao baute für José und sich in der Wüste liebevoll ein Zuhause auf, baute Möbel aus geborgenen Holzsärgen und freundete sich mit ihren sahrauischen Nachbarn und spanischen Auswanderern an. Sie fand heraus, wie die grundlegenden Dinge des Lebens in El Aaiún funktionierten, etwa einen Führerschein zu machen, kilometerweit Wasser zu Fuß zu transportieren, ehe sie sich ein Auto kauften konnten, oder mit Sandstürmen und Stromausfällen zu rechnen. Wenn José für längere Zeit beruflich abwesend war, wagte sie sich allein in die Wüste, begleitete die großen Lastwagen, die Wasser verkauften, und kampierte in der Nähe nomadischer Hirten, um sie zu dokumentieren. Gelegentlich machten sie und José sich für das *Hotel Nacional* in der Stadt schick und sahen sich Filme im einzigen Kino der Wüste an. Mit der Zeit lernte sie, mit „Kunstfertigkeit und Vergnügen“ an einem Ort zu leben, der zugleich trostlos und bezaubernd war.

Sanmao beschreibt ihre Zeit in der Sahara als einsam und befreiend zugleich. Für Sanmao jedoch glich die Einsamkeit der Selbstzerstörung. Während ihrer gesamten Zeit in der Westsahara war sie von tiefer Melancholie geprägt, insbesondere in den ersten Monaten, als José und sie wegen seiner Arbeit noch mehr Zeit getrennt voneinander verbrachten, und sie noch nicht viele Freunde gefunden hatte. „Ich war so niedergeschlagen, dass ich oft weinte. Die Wüste war atemberaubend, aber das Leben hier erforderte eine unfassbare Entschlossenheit, sich anzupassen“.

Meistens jedoch verweilt Sanmao nicht in ihrer inneren Welt, zumindest nicht in ihren Texten. Ihre Sahara-Geschichten begannen als Kolumnen in Taiwans United Daily News und haben einen lockeren, gesprächigen Charakter, abwechselnd selbst verherrlichend, abwertend komisch und entwaffnend aufrichtig, wenn sie sich den Absurditäten des Lebens stellt. Sie sind voller ausgelassener Anekdoten über ihre neckischen Zuneigungen zu José und ihre frustrierenden und herzerwärmenden Begegnungen mit den Sahrauis. Sie schien ein Talent dafür zu haben, sich in das Leben von Fremden zu verstricken, angetrieben von einem wohlmeinenden, ungezügelten Mitgefühl, das José oft ängstlich machte.

Sie erzählt, wie Sahraui-Frauen an ihre Tür klopften und sie baten, ihre Leiden mit ihrem Medikamentenvorrat zu heilen. Eine Frau flehte sie an, ihr

Baby zur Welt zu bringen, obwohl sie das noch nie getan hatte. Wie sie, nachdem sie ein Auto gekauft hatten und sie selbst fuhr, jeden mitnahm, der ihr über den Weg trottete. Wie ein junger Mann aus dem Lebensmittelladen sie anflehte, ihm beim Schreiben von Liebesbriefen an eine Frau in Monte-Carlo zu helfen, die ihn in eine Falle gelockt hatte, um ihn um seine mageren Ersparnisse zu betrügen. Wie sie versuchte, einen stummen Sklaven vor seinen Besitzern zu retten.

„Hier war es anders. In der Zivilisation war das Leben zu kompliziert. Ich hätte nicht gedacht, dass andere Menschen oder Dinge etwas mit mir zu tun haben. Aber in diesem kargen Land, wo das ganze Jahr über heftige Winde heulen, war ich schon beim bloßen Anblick eines Grashalms oder eines Tropfens Morgentau gerührt, ganz zu schweigen von einem Menschen“, schreibt sie. Sie konnte niemanden in Not abweisen, selbst wenn sie dadurch ins Fadenkreuz von Gemeinschaften geriet, in denen bestehende Feindseligkeiten herrschten, die sie als Außenseiterin nicht lösen konnte.

In seiner Anmerkung als Übersetzer beschrieb Mike Fu seine Schwierigkeiten, Sanmaos tiefes Mitgefühl mit den wenigen Fällen in Einklang zu bringen, in denen ihr Urteil über die Sahrauis bestenfalls unsensibel, schlimmstenfalls abwertend oder rassistisch hinüberkam. Man könnte dies an der Art und Weise ablesen, wie sie ihre Hygiene und Traditionen beschreibt, an dem Voyeurismus, mit dem sie manchmal ihre Neugier ausdrückte, und an dem Paternalismus, den sie an den Tag legte, als sie es auf sich nahm, sie von ihrer Unwissenheit oder ihrem Aberglauben zu befreien. Gleichzeitig kann man riskieren, zu sehr relativistisch zu sein, wenn man an Orte reist, an denen völlig andere Kulturen praktiziert werden. Und ihre Reaktionen auf Bräuche wie Kinderheirat und Sklaverei wirken zumindest ehrlich. In einem anderen Licht betrachtet, wirkt es weniger herablassend, dass sie ihre Abneigung nicht verbirgt. Und sie erwartet von niemandem, dass er unanfechtbar gut ist, um sich mit jemandem anzufreunden, so kompliziert die Freundschaft auch sein mag.

Stories of the Sahara ist größtenteils die Schilderung des Lebens einer Frau in der Wüste, die sich eng auf sie selbst, ihre Ehe und ihre direkten Interaktionen mit Menschen konzentriert. Manches davon wirkt alltäglich und verstellt den Blick auf den historischen Kontext des Gebiets und die politischen Spannungen, die sich unter der Fassade des Alltagslebens zusammenbrauen. Aber wenn es doch geschieht und im vorletzten Kapitel mit erzählerischer Kraft hervorbricht, ist es ein vollkommenes Zeugnis von Sanmaos romantischer Vorstellungskraft. Es gibt eine unglückliche Dreiecksbeziehung zwischen Bassiri, dem Guerillaführer, der für die Unabhängigkeit des sahrauischen Volkes kämpft, und sie endet mit der öffentlichen Lynchjustiz seiner Geliebten. Innerhalb der Zeitlinie, in die Sanmao ihn gesetzt hat, war der echte Bassiri aber bereits verschwunden, vermutlich hingerichtet.

Unabhängig davon, welche Teile wahr oder ausgeschmückt sind, schreibt Sanmao in ihren ruhigeren Momenten am eindrucksvollsten über die Sehnsucht nach der Welt und nach Verbundenheit. Das Lesen ihrer Sahara-Geschichten erinnert an die Verlockung verlassener Orte, die von den Korrespondenten der Welt ignoriert werden, bis Kriege sie dorthin verschlagen

In einer Passage schreibt sie: „Überall, wo Menschen leben, findet man eine unbeschreibliche Vitalität und Freude. Sogar in diesem öden und verarmten Hinterland wimmelte es von Leben und nicht von einem Kampf ums Überleben.“

Der Chefredakteur der taiwanesischen United Daily News, Ping Xintao, ermuntert Sanmao, ihre Erlebnisse in Reportagen zu verarbeiten. Daraus entstand das Buch, das in Taiwan, Hongkong und China bis heute zu den viel gelesenen, außerordentlich populären Schriften gehört. Die früheren Texte von Sanmao wurden auf Englisch unter dem Titel *Gone With the Rainy Season* verlegt. Auch in weiteren Büchern spielen ihre Erfahrungen in der Westsahara und auf den Kanarischen Inseln eine wichtige Rolle.

Ihre glücklichsten Jahre waren zweifellos jene, die sie mit ihrem Ehemann auf den Kanaren verbrachte, in der Stadt Telde auf Gran Canaria und zeitweise auch in Santa Cruz de La Palma. Er spielte in ihren Büchern eine wesentliche Rolle. Die beiden genossen gemeinsam mit ihren Freunden das Leben in Santa Cruz. Seit 2018 kann man auf der Ruta Sanmao in die Fußstapfen des Paares treten. Zu den Stationen der Route gehören die zentrale Markthalle, in der sie häufig einkauften, ein Restaurant, in dem sie in fröhlicher Gesellschaft speisten, die prachtvolle Plaza de España, wo Sanmao den Kindern ihrer Freunde beim Spielen zusah, und eine prächtige Straße mit portugiesischen Balkonen. Die Sanmao-Tour führt von Santa Cruz bis zu den Naturschwimmbecken von La Fajana in Barlovento.

In einer ruhigen Ecke von Telde befindet sich ein Wandgemälde auf einem Kinderspielplatz mit einer

Frau, deren dunkles Haar und weißes Gewand vom Wind gestreichelt werden, während ihr Blick auf das Meer gerichtet ist, das so blau ist wie die Wand hinter ihr: Sanmao. An ihrem ehemaligen Haus, Calle Lope de Vega 3, von wo man das Meer mit dem Playa del Hombre sieht, ist eine Gedenktafel angebracht.

Wer erwartet, dass die chinesischen Besucher fünfunddreißig Jahre oder älter sein würden, irrt. Es sind hauptsächlich junge Frauen, Mitte oder Ende zwanzig. Viele von ihnen halten vor dem Haus an, das Sanmao und José in Telde besaßen, ein Ort, der auf Google Maps jetzt in chinesischen Schriftzeichen als 三毛故居 Sanmaos alte Residenz angezeigt wird. Es sieht im Vergleich zu seinen Nachbarn nicht besonders aus: Ein belaubter Baum im Hof thront über der lachsfarbenen Außenmauer. Die Straße fällt zum Strand ab und gibt den Blick auf einen breiten Streifen des tiefblauen Nordatlantiks frei.

Einige chinesische Besucher lesen, andere meditieren. Manche stehen einfach nur da und schauen stundenlang. Während einige Besucher an die Tür der Eigentümer klopfen, um näher an das Wohnhaus der Schriftstellerin heranzukommen, geben sich viele damit zufrieden, einfach in der Gegenwart von Sanmaos Vergangenheit zu schwelgen.

„Es ist, als würde ich eine Freundin besuchen, die ich lange nicht gesehen hatte“, meint eine Besucherin und bricht in Tränen aus, als sie die Straße überquert. „Sanmao hat mich dazu inspiriert, in dieser komplizierten Welt aufrichtig, frei und mutig ich selbst zu sein“, erzählt sie weiter.

Wie überhaupt die Sanmao-Tour nur so gespickt von Erinnerungsmöglichkeiten ist. Da gibt es am Stadtrand von Telde beim Parque Urbano de San Juan einen kleinen Olivenbaum in einem weißen Topf mit dem Holzschild: Sanmaoa. Es handelt sich bei dem Gewächs um eine lokale Olivenart, und soll wohl an ihr Gedicht aus dem Jahre 1979 für José erinnern, *Der Olivenbaum meiner Träume*, dessen Vertonung die taiwanesische Sängerin Chyi Yu später bekannt gemacht hatte. „Frag mich nicht, woher ich komme / Meine Heimatstadt ist weit weg / Warum wandere ich umher / Wandere in die Ferne, wandere …“ José hatte sie einmal „Die Fremde“ genannt, und so fühlte sie sich auch, in den verschiedensten Landstrichen, wie im Leben. Sie hatte immer den Eindruck gehabt, als ob sie nicht Teil der Welt um sie herum wäre, und sie hatte das

Bedürfnis, die ausgetretenen Pfade eines normalen Lebens zu verlassen.

Nicht weit vom Olivenbaum steht eine riesige Buchskulptur, die sich zu einer Bank öffnet und Besucher zum Sitzen und Lesen einlädt. Auf die aufgeschlagene Seite ist die spanische Übersetzung des Vorworts zu *Diario de las Canarias* eingraviert, einer Sammlung von Sanmaos Schriften über die Kanarischen Inseln. Darin zitiert sie Dostojewski, dass man „so demütig in sich selbst verliebt sein muss, um ohne Scham über sich selbst zu schreiben".

Ein paar Schritte bergauf von der Buchskulptur bildet eine Ansammlung großer, zur Hälfte rot bemalter Kieselsteine einen Kontrast zum grünen Hang. Denn als Sanmao auf der Insel lebte, war sie besessen davon, Kieselsteine zu bemalen. Für das Ruta Sanmao-Projekt wurden sie rot bemalt, weil Rot für Chinesen eine Glücksfarbe ist. Während Sanmaos Schriften für ihre chinesischen Leser nicht ohne exotische Faszination sind, hat ihre Anwesenheit auf der Insel wohl bei den Einheimischen eine ähnliche Vorstellungskraft gegenüber China geweckt.

Am Platz vor der Basílica de San Juan Bautista brachte eine Freundin aus Madrid Sanmao das

Rollschuhlaufen bei. Da rief Sanmao: „Ich bin frei, ich bin frei!“

Am 30. September 1979 starb José dann in den Gewässern vor Barlovento auf La Palma bei einem Tauchunfall. In dem Ort erinnert ein Denkmal an das Unglück, das zwei bronzene Taucherflossen zeigt.

Ein Jahr nach Josés Tod kehrte Sanmao nach Taiwan zurück, von wo sie im November 1981 im Auftrag der United Daily News zu einer Reise durch Zentral- und Lateinamerika aufbrach. Sie schrieb währenddessen Reportagen für taiwanesische Zeitungen und Zeitschriften, die ebenfalls als Buch unter dem Titel *Over River and Mountain* veröffentlicht wurden.

In einem Essay über den Verkauf ihres Hauses schilderte sie, wie sie fast alles an Freunde, Nachbarn und die Putzfrau verschenkte. Die Bücher bekam ihre fast zwei Jahrzehnte jüngere Freundin Nancy, die noch heute in Las Palmas ein Restaurant betreibt und die Sanmao „ihre liebe kleine Schwester nannte“. Nancy lernte Sanmao in der Wohnung eines Nachbarn kennen, als sie fünfzehn war. Sie war mit ihren Eltern auf die Kanaren ausgewandert und begann sich von der Autorin jeweils drei bis fünf chinesische Bücher auszuleihen, die sie schon nach ein oder zwei Wochen wieder zurückbrachte, um andere zu holen. Sanmao begann, ihr die Bücher zu erklären und empfahl ihr, noch andere wertvolle Lektüre. Als Sanmao schließlich ihr Haus verkaufte, vermachte sie Nancy all ihre Bücher, die sie heute noch besitzt. Im Essay schreibt Sanmao: „Alle diese Bücher – alle meine?“ Nancy lächelt benommen, als ob sie in einem Traum wäre.

Sanmao brachte dann sechzehn Kartons voller Briefe zum Müllcontainer am Strand, aber ein paar Blätter flogen in den Böen davon. Sie jagte ihnen nach, aber sie flogen davon wie Möwen. Vielleicht reiste ihre Geschichte zusammen mit diesen Blättern weiter und entwickelte ein Eigenleben auf dieser Insel, sogar noch lang nachdem sie gegangen war. Der Essay heißt wohl nicht nur deshalb: Vom Winde verweht. Ein anderer Satz daraus lautet: „Denk einfach, ich bin tot“.

Nancy ist die Hüterin der Erinnerung und erzählt noch gern über Sanmao oder zeigt die Geschenke und Bücher, welche die Autorin zurückgelassen hatte.

Von 1981 bis 1984 unterrichtete Sanmao dann an der Kulturuniversität in Taipeh. Aus gesundheitlichen Gründen beschränkte sie sich danach auf die freie Schriftstellerei und gelegentliche Seminare. Im April 1989 kehrt sie zum ersten Mal in ihre

Geburtsstadt in Festlandchina zurück und stellt bei der Gelegenheit fest, dass sie dort viele begeisterte Leser hat. Bei dieser Reise lernt sie auch den Comic-Zeichner Zhang Leping persönlich kennen, der die Figur des Waisenkindes Sanmao erschuf. Mit dieser Karikaturenserie wollte er aufzeigen, wie sehr Kinder unter dem Zweiten Japanisch-Chinesischen Krieg zu leiden hatten.

Insgesamt veröffentlichte Sanmao zwischen 1976 und ihrem Tod 1991 zwanzig Bücher, darunter auch die Comic-Übersetzung Mafalda aus dem Spanischen ins Chinesische.

Am 4. Januar 1991 erhängte sich Sanmao im Alter von nur siebenundvierzig Jahren mit einem Paar Seidenstrümpfe während eines Klinikaufenthalts in Taipeh. Ihre zahlreichen Fans spekulieren seitdem über mögliche Motive für die Selbsttötung, darunter Angst vor einer Krebs-Diagnose, eine Depression wegen des frühen Tods ihres Ehemanns José oder Enttäuschung darüber, dass ihr Drehbuch zum ansonsten gefeierten Film *Roter Staub* beim Golden Horse Film Festival nicht ausgezeichnet wurde. Wir werden es wohl nie erfahren. Nur eines war sicher, den Tod von Hexi, wie sie José nannte, hatte sie wohl nie überwunden.

In Ostasien gilt Sanmao bis heute als wegweisende Literatin, die vor allem von Frauen sehr geschätzt wird, da sie mit ihrem selbständigen, unabhängigen und kosmopolitischen Lebensstil gegen die traditionellen Regeln aufbegehrte. 2011 wurden San Maos Werke anlässlich ihres zwanzigsten Todestages in einer Sammlung von elf Büchern neu veröffentlicht, darunter im ersten Band der Titel *Die Regenzeit kehrt nicht zurück* über ihre Kindheit und Jugend.

Für die Wissenschaftlerin Miriam Lang ist Sanmao das erste „massenmediale Promi-Phänomen“ der chinesischsprachigen Welt, nicht zuletzt deshalb, weil die Autorin gleichzeitig die Heldin ihrer eigenen Geschichten ist. Sanmao von der von ihr geschaffenen literarischen Figur zu unterscheiden, sei dabei eine ungewöhnlich komplexe Herausforderung.

In China ist Sanmao heute also nicht nur eine berühmte Schriftstellerin, sondern auch ein kulturelles Phänomen. Ihre öffentliche Person wurde durch die Entwicklung ihrer eigenen, von Tragödien und Geheimnissen geprägten Geschichte, zu einer Ikone der Modernität, unabhängig, emanzipiert und selbstbewusst. Obwohl sie schon vor so langer Zeit verstarb, werden ihre Bücher immer noch in Millionenauflage gedruckt. Allein in einem Zeitraum von fünf Jahren wurden zehn Millionen Exemplare verkauft.

Alle zwei Jahre wird in Zhoushan in der Provinz Zhejiang, wo Sanmaos Familie ihre Wurzeln hat, ein nach ihr benannter Essaypreis verliehen, der mit Geldpreisen von bis zu zehntausend Yuan dotiert ist.

Seit Juli 2000 wird ihr Nachlass vom National Taiwan Cultural Centre in Zhongxi verwaltet. In Dinghai/Zhejiang wurde im Dezember 2000 eine Erinnerungsstätte eröffnet, die der Architekt Fu Wenwei entwarf.

Generationen von taiwanesischen und chinesischen Frauen waren von Sanmao inspiriert, als sie aufwuchsen. Viele, die Echo heißen, führen den Ursprung ihres Namens offenbar auf sie zurück, da dies eben der englische Name war, den sie manchmal verwendete.

Die Geschichte der chinesischen Schriftstellerin Sanmao bringt uns das Leben einer Frau näher, die eine mächtige literarische Welt erschuf, die die Türen ihres Landes zu einer westlichen und fernen Vorstellungswelt öffnete.

Sanmao war wie ein Windstoß, eine Autorin, die um die Welt reiste und überall auf der Welt lebte, und die damals noch relativ abgeschottete chinesischsprachige Welt mit ihren Geschichten, die von der

Westsahara bis nach Lateinamerika spielten, sowie mit ihrem freigeistigen Lebensstil und ihrer unglücklichen Liebesgeschichte in ihren Bann zog.

In San Maos Schriften über die Kanaren ging es auch nicht so sehr um die Vulkane oder die malerischen Strände, für die die Inseln sonst bekannt sind. Stattdessen sind es Geschichten von traditionellen Heilern, nordeuropäischen Rentnern, einem kämpfenden nomadischen japanischen Künstler, der chinesischen Diaspora-Gemeinschaft oder einer Castañuela-Verkäuferin, die gelegentlich Tanzeinlagen für ihre Gäste darbot.

Noch heute erinnern sich chinesische Leser, viele von ihnen Frauen, in Online-Blogs an sie und denken darüber nach, wie Sanmao und José ihnen einen Einblick in eine gleichberechtigte Beziehung gaben, die auf Verständnis und Respekt basiert.

Chen Tianxin, die ältere Schwester von Sanmao, erzählt noch eine andere Episode: „Nach der traditionellen chinesischen Erziehung sollten Kinder entgegenkommend sein. Aber Sanmao war anders. Einmal hat eine Nachbarin etwas Schlechtes über unsere Mutter gesagt. Sanmao ging zu ihr und argumentierte mutig mit ihr über das Gesagte. Sie hatte schon seit ihrer Kindheit ihre ganz eigenen Grundsätze."

Alejandro Amenábar nannte seinen Film: *La vida es el viaje*, also das Leben ist eine Reise. Und niemand, wirklich niemand, weiß letzten Endes wohin sie führen wird. Und niemand weiß auch, wo und ob wir den Olivenbaum unserer Träume überhaupt jemals finden werden.

„Wissen ist Licht“. (G.C.)

SANMAO

DER OLIVENBAUM MEINER TRÄUME

Frag mich nicht, woher ich komme
meine Heimat ist weit weg
Warum nur wandere ich umher
Ich wandere in der Ferne, ich wandere

Warum nur wandere ich umher
Ich wandere in der Ferne, ich wandere

Zu den kleinen Vögeln, die durch den Himmel segeln
Zu den Bächen, die zwischen den Bergen rauschen
In das endlose Grasland
Ich wandere in der Ferne, ich wandere

Auch, auch
Zu diesem Olivenbaum in meinen Träumen, diesem Olivenbaum
Frag mich nicht, woher ich komme
Meine Heimat ist weit weg

Warum nur wandere ich umher
Warum wandere ich in ferne Länder?

„Wissen ist Licht". (G.C.)

Zu dem Olivenbaum in meinen Träumen
Frag mich nicht, woher ich komme
Meine Heimat ist weit weg

Warum nur wandere ich umher
Ich wandere in der Ferne, ich wandere

(aus dem Englischen übertragen
von Kurt F. Svatek)

„Wissen ist Licht“. (G.C.)

EN-ḪEDU-ANA

Auf der Alabasterscheibe:
En-hedu-ana ist die zweite Person von links

Wenn ein Name von weit her kommt, so klingt er oft ein wenig fremd. En-ḫedu-ana kommt immerhin aus dem Vorderen Orient, besser gesagt aus dem ehemaligen Zweistromland von Euphrat und Tigris in Mesopotamien. In sumerischen Silben wird sie En-he-du-an-na geschrieben und das bedeutet je nach Lesart so viel wie „Hohepriesterin und Zierde des Himmelsgottes An“ oder „führender Schmuck des Himmels“, „Juwel des Himmels“. Sie kommt aber nicht nur geographisch, sondern in gleicher Weise zeitlich gesehen von weit her. War sie doch eine der wichtigsten, wenn nicht die prägendste Persönlichkeit nicht nur der zweiten Hälfte des dreiundzwanzigsten Jahrhunderts, sondern des gesamten dritten Jahrtausends, vor unserer Zeit, versteht sich.

Nur wenige zeitgenössische Quellen zeugen allerdings von der Existenz und Biografie En-ḫedu-anas. Eine Alabasterscheibe, die im E-gipa von Ur gefunden wurde und heute im Penn Museum in Philadelphia ausgestellt ist, stellt sie bei einer Kulthandlung dar. Zwar wurde die Scheibe in Stücke zerbrochen aufgefunden, doch lässt sich die Beschriftung anhand einer altbabylonischen Abschrift rekonstruieren. In der Inschrift, die die Stiftung eines Sockels für den Gott An in Ur zum Thema hat, wird En-ḫedu-anna als Tochter Sargons von Akkad, *zirru-*

Priesterin und Gemahlin des Mondgottes Nanna bezeichnet. Zudem existieren zwei Rollsiegel und eine Siegelabrollung, die auf En-ḫedu-anas Friseur, Haushofmeister und Schreiber zurückgehen. Auch diese identifizieren sie als Tochter Sargons.

Auf der sogenannten Alabasterscheibe der En-hedu-ana ist vor dem Altar ein Tempeldiener zu sehen, der die Opfergaben darbringt. Hinter ihm drei Frauen. Bei der ersten handelt es sich wohl um En-hedu-ana. Jedenfalls steht auf der Rückseite der Scheibe, sie habe im Tempel der Inanna einen Altar errichtet, den sie „Tisch des An" nannte.

Prinzessin En-ḫedu-ana war also die Tochter des Sargon von Akkad, der eine neue Dynastie begründete. Ihre Mutter war Tašlultum. Sargon begnügte sich nicht, wie damals üblich, als König über einen Stadtstaat zu herrschen, sondern erweiterte seinen Machtbereich über das Gebiet der Sumerer, also auch über Ur, Uruk und sogar Teile des heutigen Iran. Sie lebte so etwa zwischen 2300 und 2250 vor unserer Zeit. Da gibt es verschiedene historische Angaben. Sie war zuerst Priesterin des Himmelsgottes Anu in Uruk, der Innana in Uruk und des Nanna in Ur. Entweder ihr Vater oder vielleicht dann schon ihre Brüder Maništušu oder Rimuš ernannten sie nach dem Tod der alten Entu-Priesterin zur Hohepriesterin in Ur. Der genaue Zeitpunkt bleibt im

Dunkeln. Damit war sie automatisch die „Gemahlin“ des Mondgottes Nanna. Sie hatte aber sehr wohl auch eine politische Funktion. Denn nur die Hohepriesterin konnte den Herrscher von Ur in sein Amt einführen. Als sie dies nach einem vorerst gelungenen Aufstand des Lugal-Ane gegen die akkadische Herrschaft verweigerte, wurde sie aus ihrem Amt vertrieben, kehrte aber nach der Niederschlagung der Rebellion wieder in ihr Amt zurück.

Die exakte Bedeutung des „en“ in ihrem Namen ist unklar, steht jedoch wahrscheinlich für eine pontifikale Oberherrschaft. In jedem Fall war ihre Stellung dem jeweiligen Stadtfürsten überlegen. Zur Sicherung der Macht und im Sinn einer besseren Integration blieb es auch unter den Nachkommen Sargons Brauch, die höchsten Priesterämter mit den Töchtern aus der Herrscherfamilie zu besetzen. Ihre Nachfolgerin war beispielsweise die Tochter von Sargons Enkel, also ihres Neffen. Nach En-ḫedu-ana trugen alle Hohepriesterinnen diesen Titel.

In diesem Sinn versuchte sie auch eine Vereinheitlichung der mesopotamischen Götterwelt zu erreichen. Dazu stellte sie eine Sammlung von vierzig Tempelhymnen zusammen, die in ihrer Anordnung dem geographischen Prinzip von Süden, beginnend mit Eridu, nach Norden mit Akkade, Sippar und Ešnunna folgen. Damit umfasst die Sammlung alle wichtigen Städte der Länder Sumer und Akkad zu dieser Zeit, das erste Imperium der Geschichte vom Persischen Golf bis zum Mittelmeer. Die Verschmelzung der sumerischen und akkadischen Götter sollten dem Reich die benötigte Stabilität gaben. Das gilt überdies als erster Versuch, eine systematische Theologie zu schaffen. Darüber hinaus stellen diese Hymnen die erste Anthologie an Gedichten, Liedern oder Gesängen dar. In einer Art der Zusammenstellung, die sich über viertausend Jahre bis heute nicht geändert hat. Und der Besonderheit war sie sich auch bewusst. Schreibt sie doch am Ende der letzten Hymne: „Mein König, es wurde etwas geschaffen, das noch niemand zuvor geschaffen hatte.“

In einem Hymnus an Inanna von Uruk, der „Himmelsherrin“, geht sie über die traditionellen Anreden hinaus und berichtet in der Erzählung von ihrer Vertreibung aus dem Amt und der späteren Rückkehr durch die Barmherzigkeit der Inanna. In einem anderen sehr persönlichen Text preist sie Inanna als „die großherzige Herrin“. Mit viel Leidenschaft trägt En-ḫedu-ana ihre Gefühle vor, darunter trübe Gedanken über Leiden und Schicksal, über menschliches Tun und göttliche Vergeltung. Inanna wurde später mit Ishtar, Astarte und Aphrodite in Verbindung gebracht. Inanna war die Göttin der Liebe, Schönheit, des Geschlechts, des Verlangens, der

Fruchtbarkeit, des Krieges, des Kampfes, der Gerechtigkeit und der politischen Macht.

Tatsächlich kann es zur Rebellion zahlreicher ehemaliger Stadtstaaten gegen die akkadische Zentralgewalt. Aus Hinweisen im Lied *Nin me šara* lassen sich die Ereignisse aus Sicht von En-ḫedu-ana rekonstruieren. So kam in ihrer Stadt Ur ein gewisser General Lugal-Ane an die Macht, der sich als neuer Herrscher auf die Legitimation durch den Stadtgott Nanna berief. Wahrscheinlich ist dieser identisch mit einem Lugal-An-na oder Lugal-An-né, der in altbabylonischen literarischen Texten über den Krieg als König von Ur erwähnt wird. Offenbar forderte Lugal-Ane von der Hohepriesterin und Gemahlin des Mondgottes En-ḫedu-ana, seine Machtergreifung zu bestätigen. En-ḫedu-ana als Vertreterin der sargonidischen Dynastie verweigerte dies, woraufhin sie von ihrem Amt suspendiert und aus der Stadt vertrieben wurde. Die Erwähnung des Tempels E-ešdam-ku deutet darauf hin, dass sie daraufhin in der Stadt Ĝirsu Zuflucht fand. In diesem Exil komponierte sie das Lied *Nin me šara*, dessen Aufführung die Göttin Inanna, als Ištar die Schutzgöttin ihrer Dynastie zum Eingreifen zugunsten des Akkad-Reiches bewegen sollte.

Es gelang dem König, die Rebellion des Lugal-Ane und weiterer Könige niederzuschlagen und die akkadische Zentralgewalt für den Rest seiner Regentschaft wiederherzustellen. So kehrte En-ḫedu-ana in ihr Amt in der Stadt Ur zurück.

Als Managerin des Tempelkomplexes von Ur, der Tempel war sicherlich mit heutigen Großbetrieben zu vergleichen, war En-ḫedu-ana nicht nur Theologin, sondern ließ als Astronomin Observatorien bauen, war eine frühe Mathematikerin, man denke nur an den Bereich der Landvermessung, in der Ökonomie und im Agrobusiness tätig und vieles mehr, was so ein Unternehmen mit sich bringt. Sie gilt als die erste uns namentlich bekannte Gelehrte in der Geschichte der Menschheit, leitete das monatliche Neumondfest und interpretierte Träume. Alle ihre Vorgänger und Vorgängerinnen, die es zweifellos auch als Verfasser von religiösen und anderen Texten in großer Zahl gegeben hat, bleiben für uns leider anonym. Dass En-ḫedu-ana dieses Schicksal nicht widerfuhr, zeigt durchaus auch von ihrem Selbst- und Sendungsbewusstsein. In den Hymnen an Inanna nennt En-ḫedu-ana ihren Namen an den Stellen, wo in den Königshymnen gewöhnlich der Name des Herrschers stand. Sie dokumentiert damit eindrucksvoll ihre königliche Verfasserschaft. Sie war sich auch durchaus ihrer literarischen Pionierrolle von persönlichen und nicht nur religiösen Texten bewusst, erwähnte sie doch als erster Mensch überhaupt ihren Namen am Schluss ihrer poetischen Niederschriften.

En-ḫedu-ana ist damit die älteste uns namentlich bekannte schriftstellerische Persönlichkeit der Geschichte. Ihre Texte sind so komplex, dass Wissenschaftler sie als „Shakespeare der sumerischen Literatur“ bezeichnen. Die Hymnen sind nicht nur vielschichtige Beschwörungen, sondern haben gleichermaßen politische, theologische, historische und rechtliche Dimensionen.

In einem Text schreibt sie etwa, wie sie den Lauf des Mondes beobachtet, der die kosmische Ordnung, auch als Taktgeber des Kalenders, vorgibt. Die von ihr gegründeten Observatorien in den Tempeln trugen etwa dazu bei, Himmelskarten anzufertigen. Darüber hinaus initiierte sie die Erstellung von einem der ersten religiösen Kalender, der sogar heutzutage noch in bestimmten Regionen zur Feier von Ostern, Passah und anderen religiösen Ereignissen herangezogen wird.

In einem anderen Vers geht es darum, wie sie den Himmel vermisst und die Erde erkundet. Es wird sogar angenommen, dass ihre Petitionsgebete die Psalmen der hebräischen Bibel und homerische und christliche Hymnen beeinflussten. Neben den Hymnen ist sie dafür bekannt, persönliche Frustrationen und Hoffnungen, religiöse Hingabe, ihre Antwort auf den Krieg und Gefühle über die Welt zu reflektieren. En-ḫedu-ana scheint für uns plötzlich gar nicht mehr weit weg zu sein.

Was En-ḫedu-ana einzigartig macht, ist, dass sie sich in ihren Schriften selbst identifiziert. Sie ist damit die erste Person in der Geschichte, die dies tut. Sie schreibt in der ersten Person und erkennt ihre Position, ihre Schönheit und ihre Macht an. Ihre Gedichte sind persönlich und leidenschaftlich; sie preisen die Göttin, geben aber auch echte Details über ihr eigenes Leben, ihre Gefühle und ihre Situation preis. Auch das war für die damalige Literatur ungewöhnlich.

En-ḫedu-ana wurde nicht nur als wichtigste religiöse Person ihrer Zeit verehrt, sie war immerhin vierzig Jahre lang Hohepriesterin, sondern noch jahrhundertelang darüber hinaus. Die von En-ḫedu-anna verfassten oder ihr zugeschriebenen Literaturwerke wurden über fünfhundert Jahre nach ihrem Tod weitertradiert. Ja, sie wurde selbst zu einer kleinen Gottheit. In altbabylonischer Zeit, so 2000 bis 1600 v. Chr., fanden diese unter anderem in der fortgeschrittenen Schreiberausbildung Verwendung. *Nin me šara* zählte zur Dekade, einem Curriculum von zehn bedeutenden literarischen Werken in der Ausbildung der altbabylonischen Schreiber. Man denkt, dass die Art des Schreibens, für die sie

Pionierarbeit leistete, viele der Schriftsteller beeinflusste, die nach ihr kamen. Der Historiker Paul Kriwaczek schrieb beispielsweise:

„Ihre Kompositionen, obwohl erst in der Neuzeit wiederentdeckt, blieben noch länger Vorbilder des Bittgebets. Durch die Babylonier beeinflussten und inspirierten sie die Gebete und Psalmen der hebräischen Bibel und die homerischen Hymnen Griechenlands. Durch sie sind sogar in der Hymnologie der frühen christlichen Kirche schwache Echos von En-ḫedu-ana zu hören.“

Mit ihrem Namen sind mehrere religiöse Literaturwerke in sumerischer Sprache verbunden. Zu den drei wichtigsten zählt das schon erwähnte *Nin me šara*. Es ist ein Preislied an die Göttin Inanna, das hundertvierundfünfzig Zeilen lang ist. Nach Claus Wilcke gehört der Text zum Schwierigsten, das es in der literarischen Überlieferung in sumerischer Sprache gibt. Das Werk nimmt Bezug auf die Rebellion des Lugal-Ane und En-ḫedu-annas Verbannung. Wahrscheinlich im Exil in Ĝirsu verfasst, soll das Lied die Göttin Inanna dazu bewegen, zugunsten En-ḫedu-annas und der sargonischen Dynastie in den Konflikt einzugreifen. Hierzu konstruiert der Text einen Mythos: An, der König der Götter, stattet die Göttin Inanna mit göttlichen Kräften aus und lässt sie sein Urteil über alle Städte von Sumer vollstrecken, wodurch sie selbst zur Herrscherin des Landes und mächtigsten aller Götter wird. Als nunmehr die Stadt Ur gegen ihre Herrschaft rebelliert, fällt Inanna ihr Urteil über diese und lässt es durch Nanna, den Stadtgott von Ur und ihren Vater, vollstrecken. Inanna ist somit zur Herrin von Himmel und Erde gleichermaßen geworden und somit befähigt, auch über die ursprünglich höhergestellten Götter An und Nanna ihren Willen durchzusetzen, der in der Zerstörung von Ur und Lugal-Ane resultiert. *Nin me šara* wurde somit als mächtiges Ritual verstanden, das direkten Einfluss auf den Ausgang des Krieges hatte.

Innin ša gura ist eine weitere Hymne an Inanna von zweihundertvierundsiebzig Zeilen Länge. Auch in dieser findet sich die Selbstidentifikation Enḫedu-annas, während der unmittelbare historische Kontext fehlt. Neben ausführlichen Preisungen der Allmacht und Zerstörungskraft Inannas finden sich Bezüge auf die Erhöhung Inannas durch An sowie den Mythos von Inanna und Ebiḫ.

Das sumerische Epos Inanna und Ebiḫ erzählt vom Feldzug Inannas gegen das personifizierte Gebirge Ebiḫ, den heutigen Djebel Ḥamrīn. Der Beginn des Textes schildert Inanna als mächtige und zerstörerische Kriegsgöttin, die den gesamten Erdkreis dominiert. Als aber das Gebirge Ebiḫ ihr keine

Ehrfurcht entgegenbringt, beschließt sie, dieses zu vernichten, und bittet den Götterkönig An um Erlaubnis. Der Himmelsgott jedoch argumentiert gegen ihren Plan und versucht mit Verweis auf die Schrecklichkeit Ebiḫs und die Angst des Landes Sumer und seiner Götter, sie davon abzubringen. Sie aber setzt sich über seinen Rat hinweg und zieht allein in den Kampf. Mühelos überwältigt und verwüstet Inanna das Gebirge zur Strafe für dessen Hybris. Anschließend preist sie sich selbst und spricht über die Errichtung ihres Palastes.

Wie die meisten altorientalischen Mythen ist auch Inanna und Ebiḫ Gegenstand verschiedener Interpretationen: Die Mehrheit der Forscher geht davon aus, dass diese Erzählung einen historischen Kern enthält. Erwogen wurden etwa die Beseitigung der Gutär, Bewohner des iranischen Hocglandes durch den sumerischen König Utucheĝal und die Abwehrkämpfe gegen die Hurriter. Populär ist heute vor allem die von Hallo und van Dijk vorgeschlagene und von Wilcke vertiefte Hypothese, wonach Inana und Ebich den erfolgreichen Kriegszug eines Königs von Akkad in den Djebel Ḥamrīn in mythischer Form erzählt.

Die *Tempelhymnen* sind eine Sammlung von vierzig kurzen Hymnen an die Tempel der Städte Mesopotamiens von insgesamt fünfhundertfünfundvierzig Zeilen. Die Abfolge der Städte von Süden, beginnend mit Eridu, nach Norden mit Akkade, Sippar und Ešnunna umfasst alle wichtigen Städte des Landes *Sumer und Akkad* zur Zeit Sargons. Der Text stellt eine wichtige Quelle für die Identifikation von Tempeln und Göttern sowie die damit verbundenen religiösen Vorstellungen dar. Vereinzelt bezieht sich der Text auf Ritualhandlungen und mit den Tempeln assoziierte Mythen.

Als Vertreterin der frühesten Literatur der Menschheitsgeschichte mit der wahrscheinlich ältesten Schriftsprache und eben als erste namentlich bekannte Schriftstellerin erscheinen ihre Texte nach viertausenddreihundert Jahren sogar moderner als so manches Gedicht, das vor hundertfünfzig oder zweihundert Jahren geschrieben wurde.

Im Jahr 2015 benannte die Internationale Astronomische Union einen Krater auf dem Merkur nach ihr.

Hier ein Auszug aus einem ihrer Texte:

Im Keil der Schlacht schlägst du alles nieder
Im Schwirren der Flügel hackt dein Schnabel herab
Im Angriff des Sturms greifst du mit an
Im Brüllen des Gewitters da brüllst du
Im Grollen des Donners da grollst du

Im Heulen des Windes da heulst du
Und niemals werd ich es müde
ich schreie weiter und weiter
Zum Klang der Harfen schreie ich
die Lieder der Klage heraus

Die Technik, die dieses Gedicht aufbaut, ist heute noch in der politischen Lyrik sehr beliebt: die Schlacht soll als Naturereignis erfahren werden. So wird dem Ich vorgemacht, wie es sich parallel zur Natur verhält. Spannend dann der Schluss, die Wendung zur Klage.

Sie steht uns also viel näher als die Entfernung in den Vorderen Orient oder erst recht in eine unvorstellbar lang zurückliegende Zeit vermuten lassen. In jeder Form wohl eine damals wie heute anbetungswürdige Frau.

„Wissen ist Licht“. (G.C.)

ILUMMIYA

Göttin Innana

Die zweite Dichterin aus dem dritten Jahrtausend neben En-ḫedu-ana, die wir namentlich kennen, ist Ilummiya. Sie ist eine sumerische Hofdichterin, über deren Lebensumstände nur bekannt ist, dass sie keineswegs von hoher Herkunft war und sich in den Kneipen von Ur recht gut auskannte, wie folgender Text zeigt:
Ort der Handlung: eine Schankwirtschaft in Mesopotamien. Ein Gast baggert die Kellnerin an: „Wie voll und rund, wie rund bist du - Mutters Honigkuchen!“

Nach einem weiteren Becher Bier wird er feuriger: „Dein Kuss, wie süß, wie süß wär er mir. Schnell doch - sag ja!“

Die Kellnerin findet den Gast hübsch. Er muss ihr schwören, daß er nicht hier in der Stadt lebt, ihren Ruf also nicht ruinieren wird: „Dann lass ich es, lass ich es fallen, mein dünnes und zartes Kleid.“

Ihre Lieder waren so populär, dass man sie schriftlich festhielt und zum Bestandteil des Schulpensums machte.

Ilummiyas Gesänge hatten zweierlei Funktion: Sie dienten der Unterhaltung des Königs Shu-Suen, und sie ermöglichten die Verkörperung der großen sumerischen Göttin Inanna. Im Lied von der Schenkin beispielsweise, in dem die Sängerin in der dritten Person von sich selbst spricht, wählt sie die Süßigkeit und die berauschende Wirkung des Dattelweins als Vergleichsmedium sowohl für die weibliche Scham als auch für die angenehme Rede.

Mein Gott! Der Schenkin Rauschtrank ist süß.
Wie ihr Rauschtrank ist ihre Scham süß,
ihr Rauschtrank ist süß.
Wie ihre Rede ist ihre Scham süß,
ihr Rauschtrank ist süß.
Ihr Rauschtrank ist süß,
ihr Rauschtrank ist süß.

Sie ist also oft recht direkt im Ton und schrieb vor allem Liebesgedichte auf den König Shu-Suen, die jedoch der Königin in den Mund gelegt wurden:

Mein krauses Haar
ist die Kresse ist die krause Kresse
in ihrem Beet der Beine
er wird sie mir wässern
und den Dubdub
den Vogel der aus der Furche der
Erde mit dem Schnabel schaut
ihn wird er mir streicheln
Meine Amme hat

sich wirklich viel Mühe gegeben
mein krauses Haar hat sie
geflochten zu einem Flügel
sanft hat sie’s
gekämmt und mit Öl eingerieben
und den Harnisch der Brüste
mir gerade gerückt
Lass ihn nur kommen
die Kresse ist nirgendwo grüner
ich werde ihm Blicke zuwerfen
und allein mit ihm
werde ich durch dieses Feld gehen
und die Lust werd ich ihm zeigen
Shu-Suen — dass ich seiner
und er meiner nie müde wird
Du bist ein König
ein König bist du in meinen Augen
Silber mit Lapislazuli verbrämt
ein wirklicher König!
Mein Augapfel bist du
Und du bist auch mein Herzschlag
Dass dein Leben so viele Tage habe
Und Jahre mein Shu-Suen

„Wissen ist Licht“. (G.C.)

Ein Gedicht, dass ihr ebenfalls zugeschrieben wird:

Stramm spross er
stramm spross er und spross
Er wässerte mir meine Kresse
in seinem Garten
seinem so schwarzen Garten
In der Wüste wächst es satt
mein Gerstenhalm
steht saftig in der Furche
er wässert mir meine Kresse
Ein Apfelbaum ist er
mit einem Apfel in der Krone
Er wässert mir meinen Garten
süß wie Honig ist er
und süß wie Honig ist er zu mir
und Süßes macht er mit mir
wie Honig ist er
mein Herr und mein König
und der Liebling seiner Mutter
Seine Hand ist Honig
und wie Honig sind seine Füße
und Süßes macht er mit mir
sein Körper ist süß
so süß ist mir sein Körper

und Süßes macht er mit mir
Er hat mir plötzlich
so Süßes getan ich spürte es
bis zum Bauchnabel herauf
Meinen Bauch hat er
den Wüstenhonig des Bauches
gewässert und meine Kresse

Anmerkung: Übertragungen aus dem Sumerischen stammen von Willem H. Ph. Römer, Karl Hecker und Raoul Schrott.

„Wissen ist Licht“. (G.C.)

Inhalt

„Wissen ist Licht". (G.C.)

Fertiger Druck
im September 2024